AF331537

1893

RÉGIME DOUANIER — PLOMBS

PROTESTATION

CONTRE LA MISE DE TOUS DROITS NOUVEAUX

SUR

LES PLOMBS EN MASSES BRUTES, SAUMONS, BARRES OU PLAQUES

DEMANDE DE MAINTIEN DU TARIF DOUANIER DE 1891

ARTICLE 222

Groupe des Industriels français du Plomb
fabricants de Plomb laminé et en tuyaux, de Céruse, de Minium
et autres dérivés du Plomb ;
des Négociants importateurs et exportateurs français ;
des Entrepreneurs de Plomberie
de Paris, Alger, Bordeaux, le Havre, Lille, Lyon, Rouen, Tours, etc.

OBJECTIONS PRÉSENTÉES CONTRE LES CONCLUSIONS DU RAPPORT

DE M. ROUX, Député,

DEMANDANT UN DROIT DE 2 FRANCS PAR 100 KILOGRAMMES AU TARIF MINIMUM

SUR LE PLOMB DOUX NON ARGENTIFÈRE,

MATIÈRE PREMIÈRE DE TOUTES LES INDUSTRIES FRANÇAISES DU PLOMB

EN INSTANCE AU SÉNAT.

DÉCEMBRE 1893

RÉGIME DOUANIER — PLOMBS

EXTRAIT DU RAPPORT DE M. CHARLES ROUX, Député

PROTESTATION ET OBJECTIONS PRÉSENTÉES CONTRE CE RAPPORT

EXTRAIT DU RAPPORT DE M. CHARLES ROUX, Député

Lu en séance de la Chambre des députés

LE 5 JUILLET 1891

MESSIEURS,

Notre honorable collègue M. Guieysse, ému de la situation critique des industries françaises qui travaillent le plomb *(a)*, a déposé une proposition de loi tendant à l'établissement d'un droit uniforme de 5 francs par 100 kilogrammes, sur les plombs désargentés qui sont introduits en France.

Votre Commission des Douanes, après avoir examiné cette intéressante proposition, a décidé de la diviser en deux parties.

Elle a cru devoir s'occuper immédiatement du traitement qu'il convenait d'appliquer aux pays frappant d'un droit de sortie les plombs argentifères et inscrire au tarif minimum un droit de 2 francs par 100 kilogrammes sur les plombs désargentés provenant de ces pays. C'est à cette première question que le présent rapport est exclusivement consacré.

Quant au droit général qu'il s'agirait d'imposer à tous les plombs doux, il a paru indispensable pour en apprécier l'opportunité, de procéder à une enquête approfondie. Le temps nécessaire pour mener à bien cette information faisant défaut en ce

OBJECTIONS PRÉSENTÉES CONTRE LE RAPPORT

de M. Charles ROUX, député

(a) Il convient de distinguer. — En dehors de la mine, une seule des industries françaises travaillant le plomb, celle de la désargentation, demande le droit sur les plombs qu'elle n'emploie pas, sur la matière première des autres. Toutes les autres industries, sans aucune exception, demandent très énergiquement, comme elles l'ont toujours revendiqué, *l'égalité de régime pour tous les industriels du plomb*, c'est-à-dire le *statu quo*, l'*exemption actuelle*.

<table>
<tr><td>

RAPPORT DU PROJET DE LOI

</td><td>

RÉFUTATION

</td></tr>
<tr><td>

moment, la Commission a renvoyé à une date ultérieure le dépôt de ses conclusions quelle que soit la sollicitude dont paraisse digne le sort de nos entreprises minières, et en particulier celui des établissements de Pontpéant et de la Touche.

En demandant au Parlement de frapper d'un droit de 2 fr. par 100 kilogrammes les plombs désargentés venant des pays où l'argentifère acquitte un droit de sortie, la Commission des Douanes ne fait que réclamer l'exécution d'une mesure prise au cours de l'élaboration de notre nouveau tarif douanier et sanctionnée par le vote du Parlement. Du reste, ce n'est pas nous qui nous serions chargés de rédiger un rapport favorable à la création d'un droit protecteur *(b)*.

Voici en quels termes s'exprimait dès cette époque M. Arène, auquel avait été confiée l'étude des droits concernant les métaux :

« Votre Commission des Douanes me
» demande qu'à ratifier le système ac-
» tuellement en vigueur et qui a produit
» de si heureux résultats *(c)*. Mais encore
» faut-il que l'Espagne y consente de son
» côté. C'est en prévision des négo-
» ciations qui pourront s'engager sur ce
» point que nous vous proposons d'ins-
» crire au tarif général un droit de 2 francs
» sur les plombs non argentifères, des-
» tiné à compenser, s'il y a lieu, le droit
» de sortie qui serait établi sur le plomb
» argentifère. Ce n'est là une menace
» pour aucun pays. C'est une précaution
» vis-à-vis de tous. Notre désir de conti-
» nuer le régime actuel est évident. C'est

</td><td>

(b) C'est pourtant bien un droit protecteur et de 10 0/0 *ad valorem*.

(c) C'est après une enquête approfondie à la Commission des Douanes, au Ministère du Commerce, et un débat contradictoire très vif et très prolongé, que M. Arène avait conclu ainsi.

</td></tr>
</table>

RAPPORT DU PROJET DE LOI	RÉFUTATION

RAPPORT DU PROJET DE LOI

» pour mieux le marquer que nous n'ins-
» crivons aucun droit au tarif minimum
» et que, seul, le tarif général, si la
» Chambre adopte ces conclusions, — et
» elle les a adoptées, — portera un droit de
» 2 francs sur le plomb non argentifère. »

Or, que s'est-il passé ?

Après la dénonciation des traités de commerce, nous avons appliqué à l'Espagne, le 1er février 1892, notre tarif maximum, et comme cette nation amie avait établi alors un droit de sortie sur les plombs argentifères, ses plombs désargentés tombaient sous le coup du droit de 2 francs.

Le *modus vivendi* a duré jusqu'au 1er juillet 1892, date à laquelle les Espagnols ont été admis à bénéficier de notre tarif minimum. Mais, chose bizarre ! notre Gouvernement n'a nullement songé à exiger de nos voisins la suppression du droit de sortie sur les plombs argentifères; il s'est borné à entamer avec eux la conversation platonique qu'on peut lire dans le Livre Jaune de 1892 aux pages 48, 49 et 53.

Suit copie des documents annoncés.

. . . .

. . . .

. . . .

Or, ceci se passait le 15 juillet et le 31 août 1892, et nous sommes au 5 juillet 1893 ! C'est-à-dire que pendant un an nous avons vainement attendu la réponse des Cortès, qui se sont réunies maintes fois dans ce laps de temps et n'ont pas pris la peine d'examiner cette question

RAPPORT DU PROJET DE LOI

que les délégués espagnols, venus à Paris, avaient pris l'engagement de résoudre.

La décision que nous sollicitons de la Chambre n'est ni une mesure de protection, ni une provocation à l'égard de l'Espagne; c'est un acte de justice vis-à-vis des industriels français *(d)*.

En un mot, nous ne demandons pas autre chose que la réciprocité; mais nous tenons à n'être pas dupes plus longtemps. Car, pour résumer la question par un chiffre, nos industriels ont, pendant les onze mois qui viennent de s'écouler, payé indûment à l'Espagne une somme de 400.000 francs, tandis que, de leur côté, les Espagnols ont économisé les 500.000 francs qu'ils auraient dû verser dans notre Trésor si nous leur avions imposé un droit compensateur. Nous comprenons sans peine qu'ils se montrent désireux de maintenir, en nous opposant indéfiniment la force de l'inertie, une situation aussi privilégiée *(e)*.

Sous le bénéfice de ces observations, au nom de la Commission des Douanes, et d'accord avec la Commission du budget, nous avons l'honneur de prier la Chambre de vouloir bien modifier comme suit le n° 222 du Tarif des Douanes :

RÉFUTATION

(d) Il ne faut pas ainsi généraliser. Ce ne peut être un acte de justice, le droit proposé étant, en dehors de la mine, au profit d'une seule des industries du plomb, le raffinage, et au détriment de la généralité des autres industries françaises du plomb, dont ce serait décréter la confiscation au profit des industriels *désargenteurs* de plomb étranger.

(e) Ce raisonnement constitue une erreur, tant sur les chiffres que, et surtout, sur le fond de la question.

En effet :

Sur les chiffres : D'après les *statistiques officielles de 1892*, page 42, l'Espagne nous envoie annuellement 41.000 tonnes de plomb brut, *dont 31.000 de plomb argentifère* et 10.000 de plomb doux, ce qui, à 75 centimes par 100 kilogrammes, taux de la prime de sortie espagnole sur les plombs argentifères, représente environ 222.000 fr. pour un an, — le rapport indique 400.000 fr. pour onze mois. — Quant aux 10.000 tonnes de plomb doux espagnol importées, en supposant qu'elles eussent continué à venir en France, ce qui n'aurait pas eu lieu, elles auraient payé à la douane française, à 2 francs par 100 kilogrammes, droit proposé, 200.000 francs pour un an, et non pas 500.000 francs pour onze mois.

Sur le fond. — La prime de sortie espagnole ne coûte rien à *nos industries qui achètent le plomb espagnol seulement quand il n'est pas plus cher, droit de sortie compris,* que les autres provenances. D'un autre côté, le droit d'entrée en France aurait troublé gravement nos industries du plomb, mais fort peu gêné l'Espagne. En effet, si le droit proposé eût été mis, il ne serait plus venu d'Espagne que ses 31.000 tonnes de plomb argentifère exempt, matière première des désargenteurs, sur lesquels le Trésor espagnol eût continué à percevoir ses droits de sortie, et il ne serait plus venu en France *un kilogramme du plomb doux grevé.* Le fait s'est produit pendant les premiers mois d'exécution de la législation douanière de 1891, avant la conclusion du traité espagnol actuel. Notre Ministère du Commerce le sait bien.

Il résulte de tout ceci que le droit proposé contre l'Espagne serait llusoire et sans action sur elle. Ce serait un mauvais procédé et un coup d'épée dans l'eau.

Pour agir sur l'Espagne, ce sont surtout les plombs argentifères qu'il faudrait frapper, puisque cette sorte constitue déjà actuellement plus des trois quarts de ses expéditions en France. (*Statistique des Douanes françaises de 1892*, page 42.)

RAPPORT DU PROJET DE LOI

RÉFUTATION

CONCLUSION

Considérant :

Que le droit proposé au Sénat ne frappera tout au plus que le quart des plombs espagnols importés,

Que, d'un autre côté, le droit proposé de 2 francs pour cent kilogrammes *(10 0/0 AD VALOREM)* constituerait un trouble désastreux pour la généralité des industriels négociants et consommateurs de plomb qui emploient le plomb doux non argentifère et assurerait une prime énorme à l'intérieur, par privilège exclusif, au profit des trois établissements employant le plomb argentifère espagnol exempt.

Nous demandons :

L'égalité de régime pour tous les industriels du plomb ;

Le maintien de l'exemption générale de tous les plombs bruts et notamment du plomb doux non argentifère, telle qu'elle a été prévue à l'article 222 du tarif voté en 1891, après une étude approfondie, après une consultation favorable du Conseil supérieur du Commerce, de la Chambre de Commerce de Paris, du Syndicat des Métaux, après un débat contradictoire très vif et très prolongé et *à la suite d'un accord complet entre la Chambre des députés, le Sénat et le Gouvernement.*

Voici cet article 222 (du régime douanier de 1891) tel qu'il est en vigueur :

ARTICLE UNIQUE. — Les droits inscrits sous le n° 222 du Tarif général des Douanes sont modifiés de la manière suivante :

RAPPORT DU PROJET DE LOI

DÉSIGNATION		DROITS (décimes compris)	
		TARIF GÉNÉRAL	TARIF MINIMUM
		Les 100 kilog.	Les 100 kilog.
Plombs en masses brutes, saumons, barres ou plaques.	argentifères	Exempts	Exempts
	non argentifères originaires de pays où les plombs argentifères sont exempts de droit de sortie.	Exempts	Exempts
	d'autres origines . .	2 fr.	2 fr.

RÉFUTATION

DÉSIGNATION		DROITS (décimes compris)	
		TARIF GÉNÉRAL	TARIF MINIMUM
		Les 100 kilog.	Les 100 kilog.
Plombs en masses brutes, saumons, barres ou plaques.	argentifères	Exempts	Exempts
	non argentifères originaires de pays où les plombs argentifères sont exempts de droit de sortie.	Exempts	Exempts
	d'autres origines . .	2 fr.	Exempts

Nous en demandons très énergiquement le maintien intégral, sans aucune modification.

Le Groupe des Industriels français du Plomb non désargenteurs.

PROTESTATION

TOUS DROITS NOUVEAUX SUR LES PLOMBS

EN MASSES BRUTES, SAUMONS, BARRES OU PLAQUES NON ARGENTIFÈRES

LISTE DES SIGNATAIRES DE LA REQUÊTE

Présentée à M. le Ministre du Commerce et de l'Industrie

EN AVRIL 1891

DAVID ET Cⁱᵉ, fabricants de plombs coulés, 24, rue du Mont-Thabor.

Léon DELMAS, fabricant de plomb en tuyaux, 45, faubourg Saint-Antoine.

Ch. Expert BESANÇON ET Cⁱᵉ, fabricants de céruse et de minium, 187, rue du Château-des-Rentiers.

Félix BOISOT, administrateur délégué de la Compagnie Royale Asturienne des Mines, Fonderies et Laminoirs, à Auby près Douai (Nord), 50 *ter*, rue de Malte.

Félix HUBIN, Fonderies et Laminoirs d'Harfleur (Seine-Inférieure), Fabriques de plomb laminé et en tuyaux, à Paris, Rouen et Harfleur, 14, rue de Turenne.

GAGET, PÉRIGNON ET Cⁱᵉ, entrepreneurs de plomberie, 25, rue de Chazelle.

A. LANDIER ET HOUDAILLE, Cristalleries de Sèvres et de Clichy réunies. Usine au Bas-Meudon. 24, rue de Paradis.

LEVAINVILLE ET RAMBAUD, fabricants de céruse et de minium, à Lille et à Aubervilliers, 14, rue du Parc-Royal.

Jules LOEBNITZ, fabricants de faïence, 4, rue Pierre-Levée.

MELLERIO Frères, fabricants de Verrerie, à Aubervilliers, 12, rue Martel.

MENIER, câbles électriques, 7, rue du Théâtre.

Ph. MONDUIT Fils, entrepreneur de plomberie, 31, rue Poncelet.

A. MULEUR, administrateur de la Société anonyme des Produits métallurgiques de Sens (capsules pour bouchage), 121, rue Vieille-du-Temple.

Victor POPP (Compagnie Parisienne de l'Air comprimé), 54, rue Etienne-Marcel.

VOUZELLE ET Cⁱᵉ, fabricants de plomb de chasse, 10, rue Bertin-Poirée.

PROTESTATION

Contre tous Droits nouveaux sur les Plombs bruts non argentifères.

LISTE DES ADHÉSIONS COMPLÉMENTAIRES

(MAI 1891)

PARIS

AMELIN ET RENAUD, fabricants de plombs à sacs, 8, rue du Louvre.

BEAU ET BERTRAND-TAILLET, fabricants d'appareils à gaz, 226, rue Saint-Denis.

COLLINET-FAGEOL, affineur de métaux, 80, rue de la Roquette.

L. DEBAECKER, fabricant de faïence, 30, passage Charles-Dallery.

A. FLICOTEAUX, entrepreneur de plomberie, président de la Chambre syndicale de Couverture et de Plomberie, 83, rue du Bac.

C. GIBAULT, entrepreneur de la distribution des eaux de la ville de Paris, 68, avenue Philippe-Auguste.

LACARRIÈRE, DELATOUR et Cie, fabricants d'appareils d'éclairage par le gaz et l'électricité, 16, rue de l'Entrepôt.

FÉLIX LEMAIRE, administrateur-délégué de la Société française des Munitions (anciens établissements Gevelot et Gaupillat), 30, rue Notre-Dame-des-Victoires.

L. MATHIS, entrepreneur de plomberie, 4, rue de Poissy.

G. PICQUEFEU, fabricant de faïence, 35, rue Saint-Ambroise.

PIOLLET-MARIE ET LEGUERRIER, entrepreneurs de plomberie, 7, rue de l'Aqueduc.

POUPARD ET FILS, entrepreneurs de plomberie, 23, rue du Cherche-Midi.

RAVASSE ET Cie, ingénieurs-constructeurs, 99, rue de Crimée.

ROBIN FILS, entrepreneur de plomberie, 75, rue La Boëtie.

G. ROY, fabricant de faïence pour le bâtiment, 17, passage Saint-Sébastien.

R. SAINTE-MARIE-DUPRÉ FILS, fabricant de capsules pour bouchage, 18, rue Mazagran.

ALGER

A. MICHELLET, fabricant de plomb en tuyaux, à Mustapha-Alger.

PROTESTATION

Contre tous Droits nouveaux sur les Plombs bruts non argentifères.

BACCARAT

MICHAUT, administrateur de la Compagnie des Cristalleries de Baccarat.

BORDEAUX

AUBERT, directeur de l'exploitation de la Compagnie nouvelle d'Eclairage et de Chauffage par le gaz.

ÉMILE CARDE ET FILS, chaudronnerie et fumisterie.

COMPAGNIE DU GAZ DE BORDEAUX.

CREMERS ET Cie, fabricants de capsules métalliques.

G.-P. DAGRAND, vitraux peints.

DEGRAAF SAYÉ ET BÉGUÉ, fabricants de plomb de chasse.

E. EUTROPE FILS, entrepreneur de plomberie.

CHARLES GAUTIER, entrepreneur des travaux de plomberie pour gaz de la ville de Bordeaux.

ÉMILE GUILLEBOT, négociant.

GUÉRINEAU, fontainerie et fumisterie.

HOLAGRAY (p. p^{on} Ve H^{te} HOLAGRAY), fabricant de capsules métalliques.

LAGACHE, administrateur-délégué de la Société anonyme de Produits chimiques agricoles.

LAVIE (p. p^{on} Ve LAVIE ET Cie), fabricants de plomb laminé et en tuyaux, plomb de chasse, minium, litharge.

E. MAISAN ET A. BLANCHARD FILS, fabricants de capsules métalliques.

MASSON JEUNE, négociant en métaux.

MATHET ET Cie, négociants en métaux.

L. MAURY, négociant en plomb de chasse.

L. MEYNIE ET Cie, fabricants de capsules métalliques.

PASQUET ET MAHIC, entrepreneurs de plomberie.

A. ROUZAUD, 53 *bis*, rue Saint-Rémi.

PIERRE SARAILLE, entrepreneur de couvertures.

VIALA, SOULIÈS ET Cie, négociants en métaux.

PROTESTATION

Contre tous Droits nouveaux sur les Plombs bruts non argentifères.

ÉTIVAL

P. BICHELBERGER, E. CHAMPON ᴇᴛ Cⁱᵉ, papeteries de Clairefontaine.

LE HAVRE

ANGOT Fʀèʀᴇs, entrepreneurs de plomberie.
Eᴍɪʟᴇ BAUZIN, négociant-armateur.
R. BRICAL, négociant-armateur.
J. DUHAIL, entrepreneur de plomberie.
J.-A. LAUDE ᴇᴛ Fɪʟs, négociants-importateurs.
C. GODCHAUX ᴇᴛ E. RICHER, négociants en métaux.
HOUET ᴇᴛ BINET, entrepreneurs de plomberie.
A. MARGERIE, entrepreneur de plomberie.
Pʜɪʟɪᴘᴘᴇ MARX, négociant en métaux.
Hᴇɴʀɪ MURAT, négociant en métaux.
A. POSTEL ᴇᴛ sᴇs Fɪʟs, négociants-armateurs.
Pᴀᴜʟ PILLIEUX, négociant-commissionnaire.
Aᴜɢᴜsᴛᴇ RISPAL, négociant en métaux.
A. TOUZET, entrepreneur de plomberie.

LILLE

Aʟᴘʜᴏɴsᴇ BÉRIOT, fabricant de céruse, à Fives-Lille.
DECROIX ᴇᴛ GODIN, fabricants de plomb laminé et en tuyaux.
DEPLECHIN ᴇᴛ Fɪʟs, ingénieurs-constructeurs.
L. FAURE, fabricant de céruse.
MANUFACTURE DE PRODUITS CHIMIQUES DU NORD (Établissements Kᴜʜʟᴍᴀɴɴ).
PECQUEUR-CARRÉ, négociant en métaux.
DEWITTE ᴇᴛ Cⁱᵉ, fabricants de plomb laminé et en tuyaux.

PROTESTATION

Contre tous Droits nouveaux sur les Plombs bruts non argentifères.

LYON

ARTHAUD ᴇᴛ LA SELVE, fabricants de plomb en tuyaux.
A. CHATENAY, stéarinerie et savonnerie.
GILLET ᴇᴛ Fɪʟs, fabricants de produits chimiques.
GOURD, VIALLON ᴇᴛ Cⁱᵉ, Stéarinerie Lyonnaise.
Cʟᴀᴜᴅᴇ GUY, négociant.
OURCEL, administrateur-délégué de la Compagnie du Gaz de Lyon.
RICHARD, RADISSON ᴇᴛ Cⁱᵉ, affineur de métaux précieux.
SOCIÉTÉ JALABERT ᴇᴛ Cⁱᵉ, manufacture de produits chimiques.

MARSEILLE

CHAIX-BRYAN ᴇᴛ Cⁱᵉ, négociants-importateurs.
SOCIÉTÉ DES PRODUITS CHIMIQUES DE MARSEILLE-LESTAQUE.

PEXONNE

FENAL Fʀᴇ̀ʀᴇs, fabricants de faïence.

RAON-L'ÉTAPE

A. MULLER, manufacture de faïence.

ROUEN

CARRAU, fabricant de produits chimiques.
ÉTABLISSEMENTS MALÉTRA, manufacture de produits chimiques.
G. PETIT, négociant en métaux.

PROTESTATION

Contre tous Droits nouveaux sur les Plombs bruts non argentifères.

SAINT-CLÉMENT

J. CHARIOT et Cie, fabricants de faïence.

TOURS

J. BRUZON et Cie, fabricants de litharge, minium, céruse, mine orange et blanc de zinc, Usines de Portillon, près Tours.

VILLERS-LES-POTS

J. ROUX, fabricant de faïence.

IMPRIMERIE CHAIX, RUE BERGÈRE, 20, PARIS. — 24728-11-93. — (Encre Lorilleux).

www.ingramcontent.com/pod-product-compliance
Lightning Source LLC
LaVergne TN
LVHW021800030726
842523LV00003B/1125